Published By Robert Corbin

@ Liu Zavala

Dieta Alcalina: La Clave para una

Salud Digestiva

All Right RESERVED

ISBN 978-87-94477-35-2

TABLE OF CONTENTS

Quinoa Matutina De Avena 1

Ensalada De Quinoa Tailandesa 2

Colazione Triplo Frullato Alle Bacche 4

Zuppa Di Funghi Al Cocco 6

Aros De Cebolla 8

Magdalenas Veganas 10

Cereal De Quinua De Almendras 12

Combinaciones De Zanahorias Y Papas 14

Ensalada De Coliflor Y Col Rizada A La Cúrcuma 16

Calabazas Espagueti Rellenas De Quínoa 19

Rollos De Sushi Alcalinos Instantáneos 21

Queso Suizo Y Huevos Revueltos 25

Tortilla Con Tomates Cherry 28

Insalata Di Mango E Pomodorini 30

Tè Difese Immunitarie 32

Crostini Con Crema De Tomate 33

Chips De Linaza 35

Pastelitos De Calabaza Y Mantequilla De Maní............ 37

Hummus Cremoso De Aguacate 39

Ñoquis De Coliflor 40

Batido De Limón Y Queso............................... 44

Ensalada De Cheeto 46

Crepes De Vegetales Al Curri Relleno De Vegetales....... 48

Paquetes De Tofu A La Pimienta 51

Sopa De Buttern Y Apio 53

Humus De Garbanzo. 55

Avena Tropical Con Mangos........................... 57

Sopa De Verduras.. 58

Mezcla De Espinacas, Calabacines Y Berenjenas........... 60

Insalata Di Mele E Cavoli 63

Colazione: Frullato Ai Mirtilli.......................... 64

Espinacas Y Alcachofas 65

Olla De Hinojo Y Champiñones....................... 67

Vegan Fried Ube 69

Ensalada De Fideos De Pepino Con Aderezo De Cereza 71

- Col Rizada Y Frittata De Acelgas Arcoíris 73
- Kimchi De Col Y Pepino 76
- Ensalada De Col Con Aguacate Y Tomate 78
- Ensalada Vegetariana 80
- Tortilla Suprema 82
- Borche De Verduras 84
- Empanadas De Zuchchini Y Tofu 86
- Fritos Al Vapor De Vegetales Simples 88
- Baba Ganoush O Crema De Berenjenas. 90
- Verduras De Coco Picantes 92
- Coco Con Nueces Y Semillas Cuadrados 94
- Chia Macadamia Granola 96
- Hamburger Ceci E Quinoa 99
- Frullato Di Lamponi, Pesca E Noci 101
- Spaghet Ti Squash Cazuela 103
- Manteca De Coco 106
- Papas Al Ajo Al Horno 107
- Espinacas Con Garbanzos Y Limón 108

Tomates Rellenos De Calabacín 110

Sopa De Zucchini Y Albahaca... 114

Pimientos Rellenos De Huevo 117

Pimientos Rellenos De Verduras 120

Calabacín Italiano 122

Rollos De Col.. 124

Estofado De Cebolla Con Tofu....................................... 127

Chips De Coco Deshidratado. 129

Berenjenas Al Curry Con Champiñones........................ 131

Aros De Cebolla 134

Magdalenas Veganas.. 136

Bowl Di Riso Selvatico E Lenticchie 138

Tisana Antimuco Polmoni 142

Quinoa Matutina De Avena

Ingredientes:

- 1 cucharadita de semillas de chía
- 1 cucharadita de semillas de cáñamo
- 1 cucharadita de canela
- 2 ½ tazas de leche de coco
- ½ taza de quinoa

Direcciones:

1. Mezcla todos los Ingredientes:excepto las semillas de cáñamo y cocina a fuego lento durante 10-15 minutos hasta que el líquido se haya evaporado. Adorna con semillas de cáñamo y sirve.

Ensalada De Quinoa Tailandesa

Ingredientes:

Para el aderezo:

- 3 cucharaditas de vinagre de manzana
- ½ cucharadita de sal marina
- ¼ taza de tahini (mantequilla de sésamo)
- ½ cucharadita de aceite de sésamo tostado
- 1 cucharada de semillas de sésamo
- 1 cucharadita de jugo de limón
- 2 cucharaditas de tamaris
- 1 cucharadita de ajo picado
- 1 fecha marcada

Para ensalada:

- 1 taza de quinoa al vapor
- 1 tomate en rodajas
- 1 puñado de rúcula
- ¼ de cebolla roja cortada en cubitos

Direcciones:
1. En una licuadora, agrega lo siguiente: 2 cucharadas + ¼ de taza de agua, luego los Ingredientes:restantes. Mezcla bien.
2. Cocina 1 taza de quinoa en una olla arrocera o al vapor, luego deja que se enfríe.
3. Mezcla la rúcula, la quinoa, la cebolla roja y los tomates en una ensaladera, agrega el aderezo tailandés y mezcla hasta que la ensalada esté completamente cubierta. Disfruta.

Colazione Triplo Frullato Alle Bacche

Ingredientes:

- 1/2 tazza di lamponi
- 1 banana burro, sbucciata
- 1/2 tazza di mirtilli
- 1/2 tazza di fragole
- 2 cucchiai di sciroppo d'agave
- 1 tazza di acqua di sorgente

Direcciones:

1. Collegare un robot da cucina o un frullatore ad alta velocità e aggiungere tutti gli Ingredientes: nel suo barattolo.
2. Coprire il barattolo del frullatore con il suo coperchio e poi pulsare per 40-60 secondi fino ad ottenere un risultato omogeneo.

3. Dividere la bevanda tra due bicchieri e poi servire.

Zuppa Di Funghi Al Cocco

Ingredientes:

- 1½ tazze di latte di cocco
- ½ cucchiaino di sale marino integrale
- ¼ di cucchiaino di pepe di Caienna
- 2 cucchiai di olio d'uva
- 2 tazze di funghi baby, tagliati a dadini
- ½ tazza di cipolle rosse a dadini
- 1 tazza di brodo vegetale

Direcciones:

1. Prendere una casseruola media, metterla a fuoco medio-alto, aggiungere l'olio e, quando è caldo, aggiungere la cipolla, i funghi, salare e pepare, e far cuocere per 3 o 4 minuti fino a quando le verdure diventano tenere.

2. Poi versare il latte e il brodo, mescolare fino ad amalgamare e portare ad ebollizione.
3. Abbassare il fuoco e far sobbollire leggermente la zuppa per 15 minuti fino a quando si è addensata al livello desiderato. Servire subito.

Aros De Cebolla

Ingredientes:

- 1 taza de harina para todo uso
- 1 taza de pan de elección
- Pizca de sal
- Pizca de pimenton
- 2 tazas de cebolla dulce, cortada en anillos gruesos
- 1 taza de leche de elección
- Aceite de oliva

Direcciones:
1. Vierta el aceite en una sartén antiadherente para calentar a fuego mediano. Mientras tanto, coloque la harina, la leche y el pan en 3 tazones diferentes.

2. Dragar primero un anillo de cebolla en harina y luego en leche; Repetir, y luego cubrir generosamente con pan rallado.
3. Repita los pasos hasta que todos los aros de cebolla estén empanizados. Freírlos en aceite hasta que estén crujientes y dorados. Escurrir sobre toallas de papel.
4. Sazonar con sal y pimentón. Servir.

Magdalenas Veganas

Ingredientes:

- 1 taza de azucar blanca

- 1½ tazas de leche de almendras

- ½ taza de aceite de coco, calentado hasta que esté líquido

- 1/2 t de polvo de hornear

- 1¼ cucharadita de extracto de vainilla

- ½ cucharadita de sal

- 2 cucharaditas de bicarbonato de sodio

- 2 tazas de harina para todo uso

Direcciones:

1. Precaliente el horno a 350 grados. Unte aceite o mantequilla en 12 moldes para

muffins. También puede cubrirlo con forros de papel si lo desea.
2. Agrega suficiente leche de almendras para que sea 1½ tazas. Déjelo a un lado por 5 minutos hasta que se taje. Batir la harina, el polvo de hornear, la sal, el azúcar y el bicarbonato de sodio. Verter la mezcla a la mezcla seca y batir para combinar.
3. Coloque la masa en los moldes para muffins. Hornear durante 15-20 minutos hasta que esté hecho.
4. Retire del horno y deje que se enfríe en una rejilla. Arregla en una bandeja y decórala como desees.

Cereal De Quinua De Almendras

Ingredientes:

- 3 cucharadas de jarabe de arce
- 4 tazas de leche de almendras
- 4 tazas de copos de quinua
- 4 cucharadas de mantequilla de almendras

Direcciones:

1. Precaliente el horno a 350 ° F. Forre un papel de hornear con papel pergamino.
2. Ponga la mantequilla de almendras y el almíbar en un recipiente.
3. Añadir en escamas de quinua.Mezclar. Vierta la mezcla en el molde para hornear.
4. Hornee en el horno durante 15 minutos, asegurándose de revolver cada 6 minutos.
5. Retire el cereal del horno y deje que se enfríe a temperatura ambiente.

6. Para servir, coloque porciones iguales de cereal en los tazones y vierta una taza de leche de almendras.

Combinaciones De Zanahorias Y Papas

Ingredientes:

- 1 batata, cortada en tiras gruesas
- 1 taza de caldo de verduras
- 1 cucharada de aceite de oliva
- 1/8 taza de cacahuetes tostados con ajo, triturados, para decorar
- Pizca de sal marina
- 2 dientes de ajo, picados
- 1 chalote, en juliana
- 1 zanahoria, cortada en tacos k fósforos
- 1 papa, cortada en tiras gruesas
- Pizca de pimienta blanca

Direcciones:

1. Verter en el wok a fuego medio. Agregue y saltee el ajo y el chalote hasta que esté suave y aromático. A excepción del caldo de verduras, agregue los Ingredientes:restantes.
2. Sofríe hasta que la mayoría de las cerillas estén ligeramente chamuscadas y doradas. Vierta en caldo de verduras. Revuelva suavemente. Pu t tapa en. Baje el calor a la configuración más baja.
3. Cocine hasta que las batatas estén tiernas, unos 20 minutos. Apagar el calor
4. Gusto; ajustar el condimento si es necesario. Servir caliente con un rociado de Crujientes, cacahuetes tostados.

Ensalada De Coliflor Y Col Rizada A La Cúrcuma

Ingredientes:

- 2 tomates
- 1 cucharada de cúrcuma (fresca y rallada)
- ½ limón
- ¼ cucharadita de paprica
- ¼ cucharadita de pimienta cayena
- ¼ cucharadita de salsa tamari orgánica o aminoácidos líquidos Bragg
- Aceite de oliva
- Semillas de calabaza
- ½ aguacate
- 1 pimentón o pimiento

- ½ cabeza de coliflor (lavada y secada)
- 1 tallo de apio
- 5 tallos de col toscana o col rizada (lavada y secada)
- Pimienta negra y sal del Himalaya
- Aceite de coco

Direcciones:
1. Precaliente el horno a 355°F o 180°C.
2. Corta o rasga la cabeza de la coliflor en floretes y colócalos en un tazón. Combina paprica, pimienta, pimienta cayena, cúrcuma, sal y 2 cucharadas de aceite de coco. Mézclalos todos muy bien.
3. Haz un revestimiento en el recipiente para hornear usando polvo de hornear. Extiende la coliflor sobre ella.
4. Coloca el recipiente en el estante medio del horno por 20 minutos asegúrate de chequear

regularmente para asegurarte que la coliflor no se queme. Si empieza a quemarse, cámbiala al estante de abajo.

5. Luego, corta la col y haz pedazos. Coloca los pedazos en un tazón grande. Agrega jugo de lima.
6. Masajéalas usando tus manos por un minuto. Ahora agrega la salsa tamari o Bragg y coloca la mezcla en los platos.
7. Corta el pimiento o pimentón y el apio en rebanadas delgadas. Corta el aguacate en trozos grandes. Pica los tomates groseramente.
8. Ponlos todos por encima del plato de col, el cual ya está listo. Esparce las semillas de calabaza por encima y rocía un poco de aceite de oliva también.
9. Después de que hayas terminado con la coliflor, retírala del horno. Colócala encima de la ensalada. Sirve instantáneamente.

Calabazas Espagueti Rellenas De Quínoa

Ingredientes:

- 2 cebolletas (rebanadas, solo la parte blanca)
- 1 cucharadita de polvo de ajo
- ¼ taza de nueces (cortadas)
- 1 ½ taza de quínoa (cocida)
- 1 pimentón (rojo) o 1 naranja
- 2 cucharaditas de tomillo (seco)
- 1 chalote (mediano)
- 1 calabaza espagueti grande o 2 pequeñas
- 1 taza de guisantes verdad (al vapor)
- 2 cucharadas de aceite de coco
- Pimienta negra y sal rosa (al gusto)

Direcciones:

1. Precalienta el horno a 400°F
2. Lava las calabazas espagueti. Rebánalas a la mitad. Retira las semillas y hornéalas hasta que se tornen tiernas por unos 40 minutos.
3. Mientras las calabazas comienzan a asarse, agrega 1 cucharada de aceite a la sartén y añade el chalote. Cocínalo. Agrega el pimentón hasta que se suavice.
4. Añade guisantes verdes, nueces, especias y la quínoa cocida hasta que se calienten. agrega sabor con pimienta y sal rosa.
5. Divide la calabaza en 2 mitades y ponlas de nuevo en el horno por 5 a 8 minutos.
6. Retíralas del horno y sírvelas luego de poner un poco de verde fresco por encima. puedes usar hojas de ensalada verdes (grande) y brócoli.

Rollos De Sushi Alcalinos Instantáneos

Ingredientes:

Para el hummus o salsa:

- 1 poco de aceite de oliva
- ½ limón (usa solo su jugo)
- 1 pizca de sal del Himalaya
- 1 cucharada de tahini
- 11g de garbanzos (enlatados, escurridos o puedes prepararlos de forma seca)
- 1 puñado de almendras
- 1 pizca de comino
- 1 diente de ajo

Para los rollos:

- 1 pimiento (rebanadas en forma de palitos de fósforo)

- 1 aguacate (pelado, rebanado)

- 1 puñado de cilantro (pequeño)

- 1 zanahoria (rebanadas en forma de palito de fósforo)

- 2 calabacines (medianos, uno da de 5 a 6 tollos)

- 1 pepino (rebanadas en forma de palitos de fósforo)

Direcciones:

Para el hummus o salsa de almendras:

1. Coloca todos los Ingredientes:en una licuadora o un procesador de alimentos. Mézclalos hasta que se vuelva uniforme.
2. Añade una pequeña cantidad de jugo de limón y aceite de oliva en proporciones iguales para obtener una mezcla consistente.

Para los rollos alcalinos:

3. Corta las puntas del calabacín. Pela los vegetales usando un pelador con cuidado y haz tiras largas – cuida tus dedos mientras haces esto.
4. Extienda cada tira y luego extienda una capa agradable y gruesa de salsa de almendras o hummus por sobre estas tiras, suficiente para pegarlas.
5. Agrega algunas tiras de aguacate y vegetales y ponles algo de cilantro.

6. Espolvorea las semillas de sésamo por encima y enróllalos.
7. Sírvelos calientes.

Queso Suizo Y Huevos Revueltos

Ingredientes:

- 1 cucharada de orégano seco
- 10 aceitunas negras
- 2 cucharadas de aceite de oliva
- Sal y pimienta
- 2 cucharadas de jugo de limón fresco
- 1/4 taza de piñones (opcional)
- 1 aguacate grande (pelado, sin hueso y en rodajas)
- 4 huevos
- 1 taza de queso suizo (cortado en cubitos)
- 1 chalota picada

- 1 diente de ajo picado

- 1/4 taza de apio fresco (picado)

Direcciones:

1. Coloque una sartén grande a fuego medio-alto y agregue aceite de oliva, cebolletas y ajo y saltee durante 2 minutos.
2. Agregue el queso suizo a la sartén y cocine hasta que el queso comience a derretirse.
3. Toma un tazón mediano y mezcla los huevos, el apio y el orégano; Sazone con sal y pimienta al gusto.
4. Transfiera la mezcla de huevo a la sartén. Baja el fuego.
5. Agregue las rodajas de aguacate y las aceitunas a la sartén y continúe revolviendo hasta que los huevos estén revueltos.

6. Espolvorear sobre el jugo de limón y servir con los piñones.
7. ¡Disfrute de su comida!

Tortilla Con Tomates Cherry

Ingredientes:

- 1 cucharada de mantequilla
- 100 g de tomates cherry, cortados por la mitad
- 1 taza de queso feta (cortado en trozos)
- 1/2 cebolla picada
- 6 huevos
- 1 cucharada de albahaca fresca picada
- 1 cucharada de cebollino fresco, picado
- Sal
- Pimienta (opcional)

Direcciones:

1. Derrita la mantequilla en una sartén a fuego medio-alto.
2. Agrega la cebolla a la sartén y sofríe.
3. En un bol batir los huevos, la albahaca, el cebollino, la sal y la pimienta.
4. Cuando la cebolla se haya dorado, vierte la mezcla obtenida en el paso anterior en la sartén.
5. Luego agregue los tomates cherry y el queso picado, cocine por 5 minutos.
6. Disfrutar ¡tu comida!

Insalata Di Mango E Pomodorini

Ingredientes:

- ½ cetriolo, senza semi, affettato
- ½ peperone verde, senza semi, affettato
- Un pizzico di sale marino integrale
- ¼ di cucchiaino di pepe di Cayenna
- ¼ di lime, spremuto
- 1 mango, sbucciato, denocciolato e tagliato a cubetti
- ¼ di cipolla, tritata
- ½ tazza di pomodori ciliegini, tagliati a metà

Direcciones:

1. Prendere una ciotola media, metterci i pezzi di mango, aggiungere la cipolla, i pomodori, il cetriolo e il peperone e poi irrorare con il succo di lime.
2. Condire con sale e pepe di cayenna, mescolare fino a combinare, e lasciare riposare l'insalata in frigorifero per un minimo di 20 minuti.

Tè Difese Immunitarie

Ingredientes:

- 1 cucchiaino di polvere di tiglio

- 1 tazza di acqua di sorgente

Direcciones:

1. Far bollire la polvere di tiglio in un bollitore con acqua di sorgente per 5 minuti.
2. Filtrare e servire

Crostini Con Crema De Tomate

Ingredientes:

- Propagación de tomate
- 1 tomate verde, picado
- 1 tomate rojo, picado
- 1 hoja fresca de orégano, cortada en juliana.
- Pizca de sal marina
- Pizca de pimienta blanca
- 2 rebanadas de pan grueso
- 2 dientes de ajo, pelados
- 1/2 cucharadita de aceite de oliva
- Polvo de cayena, opcional

Direcciones:

1. Precaliente el ov en tostador. Frote los dientes de ajo a ambos lados del pan tostado. Mezclar los Ingredientes:s de tomate en un tazón pequeño.
2. Gusto; ajustar el condimento si es necesario. Unte sobre rebanadas de pan. Coloque crostini en el horno tostador para calentar a través. Retírelo del calor.
3. Rociar en aceite de oliva justo antes de servir.

Chips De Linaza

Ingredientes:

- 2 cucharaditas de aceite de coco
- ½ taza de harina de almendra
- 2 cucharaditas de agua
- 2 cucharaditas de aceite de oliva
- ½ taza de harina de linaza
- 1 huevo grande
- 1 cucharadita de cebolla en polvo
- Pizca de sal marina

Direcciones:

1. Ponga la harina de almendras y la linaza en un bol y mezcle. Añadir el huevo y mezclar bien.

2. Vierta el agua y el aceite de oliva en la mezcla y sazone con sal y cebolla en polvo. Mezclar los Ingredientes:s hasta obtener una consistencia pastosa.
3. Coloque la masa entre dos hojas de papel encerado y use un alfiler enrollador para aplanarla hasta que tenga un grosor similar al de una galleta. Cortar la masa aplanada en 20 porciones iguales.
4. Caliente el aceite de coco en una sartén a fuego medio-alto. Freír las patatas fritas en la sartén durante 3 minutos por lado.
5. Haga esto en 4 lotes. Coloque las papas fritas en una rejilla de alambre para drenar y enfriar completamente.

Pastelitos De Calabaza Y Mantequilla De Maní

Ingredientes:

- 1 taza de leche de coco
- 2 cucharadas de aceite de nuez de coco, derretido
- 2 cucharadas de azúcar de palma, desmenuzadas
- ¼ botones de cupchocolate
- 1 cucharadita de extracto de vainilla
- 1/2 cupcanned de puré de calabaza
- 1 taza de harina integral, finamente molida
- 1 cucharada de polvo de hornear
- ¼ botones de mantequilla de cuppeanut
- ¼ cucharadita de sal

Direcciones:

1. Combine los Ingredientes:s en un tazón grande. No haga sobre mezcla. Engrase ligeramente la sartén con aceite y coloque a fuego medio.
2. Divida la masa en 6 porciones iguales, aproximadamente ¼ de taza cada una.
3. Verter en una sartén caliente. Voltear cuando los bordes están establecidos y el centro ya no está suelto.
4. No presione hacia abajo sobre los panqueques.
5. Plato; agregue una pizca de azúcar de palma en la parte superior para hacer un crujido (opcional). Servir

Hummus Cremoso De Aguacate

Ingredientes:

- 2 aguacates (hass orgánico)
- 1 cucharada de aceite de oliva (extra virgen)
- El jugo de 1 limón (fresco)
- ½ cucharadita de sal (sal real de Redmond, del Himalaya o gris celta)
- ¼ cucharadita de pimienta
- 1 lata de frijoles blancos (bien enjuagados y escurridos)

Direcciones:
1. Licúa todos los Ingredientes:s en una licuadora para crear una mezcla uniforme.
2. Sirve la mezcla con apio, pimiento rojo o zanahorias crudas. ¡Disfruta!

Ñoquis De Coliflor

Ingredientes:

- 1 taza de harina (haz una masa suave de ella)
- 1 cucharada de aceite de coco o de oliva para freír
- La cabeza de 1 coliflor (hervida o al vapor para que esté tierna)
- 1 diente de ajo (picado finamente)

Para el ragú:

- 2 dientes de ajo (finamente picados)
- 6 hongos del árbol shii (grandes, rebanadas gruesas)
- 300ml de caldo de verduras
- 1 cucharadita de azúcar

- Albahaca fresca para servir

- 1 lata de tomates enteros

- 5 calabacines (rebanadas gruesas)

- ½ cebolla (finamente rebanada)

- 1 cucharada de aceite de coco o aceite de oliva

- Pimienta (al gusto)

- Sal (al gusto)

Direcciones:

1. Pon el ajo y la coliflor en un procesador de alimentos o licuadora. Licúa para crear una mezcla uniforme.
2. Añade una cantidad pequeña de agua, si se necesita, para crear la mezcla uniforme.
3. Agrega harina y sal – ¼ taza a la vezcontinúa el proceso a menos que obtengas una masa suave. Agrega más agua, si es necesaria.
4. Pon la masa en una superficie y amasa brevemente para hacerla suave y homogénea.
5. Córtala en 4 partes. toma una parte y cubre las otras 3 partes restantes usando una toalla húmeda. enrolla la masa en forma de una cuerda de alrededor 3cm. Presiona cada parte usando un tenedor.
6. Ponla a un lado y repite esto con el resto de la masa.
7. Ya que está lista para usar, pon aceite de coco o aceite de oliva en una olla o sartén

antiadherente. Fríe los ñoquis hasta que se doren ligeramente en cada lado.

8. Pon aceite de coco o aceite de oliva en una sartén antiadherente para el ragú. Mantén la llama a fuego medio. Añade los hongos, calabacines, ajo y cebolla. Fríe hasta que se empiecen a ablandar y a tomar color. Agrega azúcar, el caldo de verduras y los tomates. Baja el fuego y cocina a fuego lento por 10 minutos – hasta que los vegetales se ablanden. Sazona al gusto.

9. Pon los cálidos ñoquis de coliflor sobre el ragú y sirve. Esparce algunas hojas de albahaca también.

Batido De Limón Y Queso

Ingredientes:

- 1 cucharadita de jugo de limón
- 1 cucharada de nata para montar (sin azúcares añadidos)
- 1 cucharada de manteca de cacao
- 1 cucharadita de ralladura de limón
- 1/3 taza de leche de coco
- 1 taza de hielo
- 1 cucharada de mascarpone sin lactosa
- 1 cucharada de proteína de vainilla en polvo
- 5 gotas de stevia líquida (opcional)

Direcciones:

1. ¡Vierta todos los Ingredientes:s en una licuadora y enciéndela!
2. Vierta la mezcla en un vaso y sazone con la ralladura de limón.
3. ¡Disfrute de su comida!

Ensalada De Cheeto

Ingredientes:

- 3 huevos duros y en rodajas
- 120 g de queso suizo cortado en trozos pequeños
- 3 tazas de lechuga romana picada
- 1/2 taza de tomates cherry cortados por la mitad
- 1 taza de pepino cortado en cubitos
- 2 cucharadas de crema
- 2 cucharadas de mayonesa
- 1/2 cucharadita de ajo en polvo
- 1/2 cucharadita de cebolla en polvo
- 1 cucharadita de perejil

Direcciones:

1. En un tazón pequeño, mezcle la crema, la mayonesa y las hierbas para crear el aderezo.
2. Coloque el pepino, los tomates, la lechuga, el huevo y el queso suizo en un plato.
3. Vierta el aderezo creado en el paso 1 sobre la ensalada creada en el paso 2, mezcle todo junto
4. ¡Disfrute de su comida!

Crepes De Vegetales Al Curri Relleno De Vegetales

Ingredientes:

- ¼ taza de aceite de oliva
- 1 cucharada jengibre fresco rallado
- ½ a 1 cucharadita. semilla de mostaza molida
- 1 ½ cucharadita comino molido
- ½ cucharadita Canela
- 1 cucharada Polvo de curry
- ½ taza de piñones
- 1 cucharadita Sal o Aminos Líquidos de Bragg al gusto
- 10-12 tallos de espárragos delgados, cortados en tiras de 3 pulg. segmentos

- ½ taza de guisantes de nieve

- 1 cebolla amarilla, en rodajas finas

- 4 dientes de ajo picado

- 2 medicos pimientos naranjas o amarillos

- 2 medicos pimientos rojos

- 1/3 taza de leche de coco (sin azúcar)

Direcciones:

1. Retire las semillas y las costillas de todos los pimientos.
2. Cortar en palitos de fósforo. Caliente el aceite de oliva en una sartén grande o sartén eléctrica a fuego medio alto.
3. Agregue los espárragos y los guisantes. Cocinar. Revuelva constantemente, hasta que apenas comiencen a brillar y suavizarse.

4. Reduzca el fuego a medio y agregue las cebollas y el ajo. Cocine hasta que las cebollas se ablanden.
5. Agregue los pimientos y fríalos al vapor con un poco de agua hasta que los pimientos comiencen a ablandarse.
6. Agregue el jengibre, la semilla de mostaza, el comino, la canela, el curry y un poco más de aceite de oliva. Continúe revolviendo y cocinando.
7. Agregue los piñones, la sal y la leche de coco, y cocine hasta obtener la suavidad deseada.
8. Sirva caliente con las crepes de curry de otoño. También se puede servir sobre arroz o cualquier otro grano cocido que prefiera.

Paquetes De Tofu A La Pimienta

Ingredientes:

- 1 cucharadita Semillas de sésamo
- ¼ de pimiento rojo
- 1 taza de aminoácidos líquidos de Bragg
- 1 paquete Tofu FRESCO firme o extra firme
- ¼ taza de cilantro fresco picado
- 3 cebolletas

Direcciones:

1. Remoje las semillas de sésamo durante la noche. Escurrir el tofu. Corta por la mitad en diagonal para formar dos triángulos. Corta un bolsillo en cada triángulo.

2. Picar finamente la cebolleta, el pimiento y el cilantro. Agregue semillas de sésamo.
3. Rellene la mitad de la mezcla en cada trozo de tofu. Vierta Liquid Aminos sobre las bolsitas de tofu y deje marinar en el refrigerador durante 10 minutos antes de servir.

Sopa De Buttern Y Apio

Ingredientes:

- 1 cebolla, pelada y cortada en aros finos para decorar

- 2 cucharadas de aceite de oliva o UDO

- 3-4 tazas de caldo de verduras

- Canela y nuez moscada o sal y pimienta al gusto

- 3 tallos de apio cortados en trozos grandes

- 2 calabazas moscadas

- 1 cebolla, pelada y picada en trozos grandes

Direcciones:

1. Corte la calabaza por la mitad y retire las semillas. Aceitar ligeramente el lado cortado de las verduras.

2. En una bandeja para hornear engrasada, coloque la calabaza con el lado cortado hacia abajo y los trozos de apio y áselos en un horno a 400 grados hasta que estén tiernos y ligeramente dorados o durante unos 45 minutos. Retire la calabaza blanda de las pieles.
3. Haga puré las verduras asadas en un procesador de alimentos o licuadora con un poco de caldo.
4. Para una textura más suave, pase la sopa a través de un colador a una sartén limpia. Agregue el caldo restante y sazone al gusto. Manténgase caliente.
5. Para la guarnición de aros de cebolla, freír la cebolla en aceite hasta que esté dorada y algo crujiente o durante unos 10 minutos. Cubre la sopa y sirve.

Humus De Garbanzo.

Ingredientes:

- 1 cucharadita de pasta de ajonjolí.

- 1 pizca de comino molido.

- ½ limón, el zumo. De preferencia del limón amarillo.

- 3 cucharaditas de aceite de oliva.

- 1 taza de garbanzos cocidos.

- 1 diente de ajo fresco.

- Pimienta cayena (opcional, si te gusta el picante).

Direcciones:
1. Licúa todos los Ingredientes:s hasta tener una pasta suave, sin grumos. Si es necesario, añade un poco de agua purificada.

2. El humus, una vez hecho, puedes guardarlo en el refrigerador y cuando te den ansias de comer entre comidas, puedes aprovechar el humus y picar un poco, acompañándolo con palitos de zanahoria o apio.

Avena Tropical Con Mangos

Ingredientes:

- ¼ taza de avena arrollada

- 1 cucharadita de azúcar de palma, desmenuzado

- 1¼ tazas de agua

- 1 mango maduro, dividido.

Direcciones:

1. Coloque los Ingredientes:s en el horno holandés a fuego alto. Remover. Hervir. Baje el calor. Asegure la tapa.
2. Cocine a fuego lento durante 20 minutos, revolviendo ocasionalmente. Apague el fuego inmediatamente.
3. Gusto; Ajustar el sondeo del mar , si es necesario. Sirva porciones iguales de gachas en tazones. Servir.

Sopa De Verduras

Ingredientes:

- 1 calabacín mediano, pelado y picado
- 1 cebolla blanca, picada
- 1 taza de florecillas de brócoli
- 5 tazas de caldo de pollo hecho en casa
- ½ cucharadita de sal marina
- ½ cucharadita de ajo en polvo
- 3 tazas de tomates cortados en cubitos
- 1 zanahoria mediana, pelada y picada
- 2 tallos de apio, picados
- 2 tazas de calabaza en cubos
- Pizca de pimienta negra molida

Direcciones:

1. Combine los tomates, las zanahorias, el apio, la calabaza, el calabacín, la cebolla, el brócoli,
1. ajo en polvo , sal y pimienta en una olla de cocción lenta de 4 cuartos. Mezcle bien.
2. Vierta el caldo de pollo y luego cubra la olla. Ajuste la temperatura a alta y cocine por 4 horas.
3. Revuelva la sopa y sirva inmediatamente.

Mezcla De Espinacas, Calabacines Y Berenjenas

Ingredientes:

- ½ pimiento rojo asado, picado
- 2 cucharadas. aceite de oliva virgen extra
- 1 ramita de tomillo fresco
- 4 tomates, sin semillas
- 3 hojas frescas de albahaca, en rodajas finas
- 1 cucharada. mantequilla
- 2 C Ourgettes, en rodajas finas
- ½ taza de espinaca fresca
- 1 berenjena, cortada en rodajas
- Pizca de sal
- Pizca de pimienta molida

Direcciones:

1. Precaliente el horno a 190 grados F. Selle los anillos del muffin con una película transparente.
2. Mientras tanto, caliente el aceite de oliva en la sartén. Freír la berenjena durante 4 minutos o hasta que esté dorada por todos lados. Coloque la berenjena cocida en una bandeja para hornear.
3. Cocine en el interior del horno durante 10 minutos. Transferir a un plato forrado con papel de cocina. Dejar de lado.
4. En la misma sartén cocer los calabacines durante 2 minutos. Escurrir utilizando un papel de cocina. Condimentar con sal y pimienta. Espolvorear las hojas de tomillo.
5. Usando una sartén de base pesada, ponga aceite, tomates y albahaca. Cocinar durante 5 minutos.

6. Añadir la mantequilla, el ajo y las espinacas. Cocine hasta que toda el agua se evapore. Agregue la nuez moscada. Condimentar con sal y pimienta.
7. Cubra la base de los anillos de muffin con hojas de espinaca. Ponga los calabacines alrededor de los bordes. Poner la mezcla de tomate entre los anillos. Coloque las berenjenas en la parte superior.
8. Selle la parte superior con la película. Chill durante la noche. Retire de los aros y sirva.

Insalata Di Mele E Cavoli

Ingredientes:

- 2 cucchiai di olio d'oliva

- 1 cucchiaio di nettare di agave

- Sale marino integrale, se necessario

- 3 mele grandi, tagliate a fette

- 6 tazze di cavolo cappuccio fresco

- ¼ di tazza di noci, tritate

Direcciones:
1. In un'insalatiera, mettere tutti gli Ingredientes: e mescolare per ricoprire bene con il condimento.
2. Servire immediatamente.

Colazione: Frullato Ai Mirtilli

Ingredientes:

- 1/4 di tazza di quinoa cotta

- 2 cucchiai di zucchero di datteri

- 1 tazza di latte di noci, fatto in casa

- 1/2 tazza di mirtilli

- 1 banana burro, sbucciata

Direcciones:

1. Collegare un robot da cucina o un frullatore ad alta velocità e aggiungere tutti gli ingredienti nel suo contenitore.
2. Far frullare per 40-60 secondi fino ad ottenere un risultato omogeneo.
3. Dividere la bevanda tra due bicchieri e poi servire.

Espinacas Y Alcachofas

Ingres dients:

- 2 cucharadas. aceite de oliva
- 3 nabos, en rodajas
- 3 puerros, rebanados
- 1 pimiento rojo, en rodajas
- 4 cucharadas. semillas de calabaza
- ½ taza de hojas de espinaca frescas
- ½ taza de corazones de alcachofa
- Pizca de sal
- Pizca de pimienta negra molida

Direcciones:
1. Precaliente el horno a 350 grados F.
2. Vierta el aceite de oliva en la cazuela.

3. Coloque los puerros, los nabos, las espinacas, los corazones de alcachofas y el pimiento rojo en la cacerola.
4. Cubrir la cazuela. Coloque dentro del horno de microondas. Hornee por 30 minutos o hasta que los nabos se hayan ablandado.
5. Espolvorear semillas de calabaza. Sazonar con sal y pimienta. Servir.

Olla De Hinojo Y Champiñones

Ingredientes:

- 1 cabeza de hinojo, picado
- 2 tomates secados al sol, en rodajas
- 2 cucharadas. pasta de tomate secada al sol
- 1 bay le af
- Perejil fresco, picado, para decorar.
- 1½ tazas de champiñones secos shiitake
- 1½ tazas de champiñones, a la mitad
- 2 cebollas, peladas, enteras
- 2 cucharadas. aceite de oliva

Direcciones:

1. Coloca los champiñones en un bol. Verter agua hirviendo. Dejar en remojo durante 20

minutos. Escurrir los champiñones. Deseche los tallos. Picar en trozos pequeños.

2. Mientras tanto, vierta el aceite de oliva en una cacerola. Cebolla Saute y Ennel f para 8 b minuto hasta la oferta.
3. Añadir en el botón y las setas shiitake. Cocinar durante 3 minutos.
4. Agregue los tomates secados al sol y pegue. Ponga la hoja de laurel. Llevar la mezcla a ebullición. Luego, vuelva a hervir a fuego lento durante 10 minutos.
5. Deseche la hoja de laurel y espolvoree con la pasta . Servir.

Vegan Fried Ube

Ingredientes:

- Azúcar de palma para quitar el polvo

- Agua para hervir

- 1½ libras de ñame púrpura

- Aceite de coco para freír poco profundo.

Direcciones:

1. Para preparar el ñame: coloque el ube en un horno holandés medio lleno de agua. Poner a fuego alto, poner la tapa parcialmente. Hervir durante 20 minutos. Retírelo del calor; escurrir bien.

2. Pelar el ñame cuando esté lo suficientemente frío; Cortar grueso en medallones de tamaño desigual. Pat medallones secar utilizando paños de cocina.

3. Vierta el aceite en una sartén antiadherente a fuego medio.
4. Cuando el aceite se vuelva ligeramente ahumado, reduzca la temperatura a la posición más baja. Deslice en unos pocos medallones de ñame. Cocine a fuego lento hasta que se doren; unos 10 minutos.
5. Coloque las piezas cocidas en una bandeja para hornear forrada con toallas de papel para eliminar el exceso de grasa. Repita el paso hasta que todos los medallones de ñame estén cocidos.
6. Cuchara las mismas porciones en platos; espolvorear azúcar de palma en la parte superior. Servir.

Ensalada De Fideos De Pepino Con Aderezo De Cereza

Ingredientes:

Para la vinagreta

- ½ taza de aceite de oliva
- Pizca de sal marina, ad d más si es necesario.
- Pizca de pimienta negra, al gusto.
- ¼ cucharadita. Pure de tomate
- Cerezas frescas picadas, picadas
- 1 cucharadita mostaza de Dijon

Para la ensalada

- 2 tomates, en juliana
- 1 cabeza de lechuga mantequilla, cortada en rodajas gruesas

- 2 pepinos, procesados en fideos como espaguetis

- 2 rábanos rojos, cortados en juliana.

Direcciones:
1. Vierta puré de tomate, aceite de oliva, cerezas pequeñas, mostaza Dijon, sal y pimienta en un tazón para mezclar. Remover.
2. Transferencia a una botella con tapa ajustada. Agitar más lejos. Deje de lado hasta que esté listo para usar.
3. Ponga la mantequilla de lechuga, rábanos, tomates y pepino. Rocíe en la cantidad justa de vinagreta.
4. Tirar bien. Servir.

Col Rizada Y Frittata De Acelgas Arcoíris

Ingredientes:

- ½ cucharada de cilantro y comino (ambos molidos)
- 1 pizca de chile en hojuelas
- 6 huevos
- 100g de queso mozzarella (rallado)
- 60g de queso feta
- Pimienta (al gusto)
- 2 cucharadas de aceite de oliva (extra virgen)
- 1 chalote (finamente picado)
- 1 manojo de acelgas (arcoíris)
- 2 puerros (lavados y picados en dados)

- 1 manojo de col (pequeño)

- ½ limón (solo la ralladura)

- Sal (al gusto)

- Piñones (tostados)

Direcciones:
1. Precalienta el horno a 180°C. Enjuaga la col y las acelgas con agua fría. Sécalas. Retira el tallo de los vegetales.
2. Coloca las hojas una encima de otra, enróllalas para formar una forma cilíndrica apretada y luego córtalas en finas tiras.
3. Los vegetales deben estar finamente picados, ya que deben mantenerse juntos mientras se cocinan dentro de la frittata.
4. Toma una sartén grande para freír y ponle aceite de oliva. Caliéntala y luego saltea el chalote hasta que esté ligeramente colorado y

suave. Agrega los puerros y cocina por otros 2 minutos.

5. Ahora, amontona toda la col y las acelgas en la sartén. Cocina a fuego lento hasta que los vegetales empiecen a marchitarse. Añade comino, chile, cilantro, y la ralladura de limón. Sazonar con sal y pimienta.

6. Toma un tazón y bate unos huevos en él. Sazona usando sal y pimienta.

7. Agrega queso mozzarella y mezcla con trozos de queso feta y verduras cocidas.

8. Puedes también verter esta mezcla en la misma sartén, si está engrasando 24cm alrededor del plato de cerámica o a prueba de horno. Esparce piñones generosamente por encima, si gustas.

9. Cúbrelo usando papel de aluminio y hornea por 15 minutos. Remueve el papel aluminio y hornea por 20 minutos más. Enciende tu

horno a la parrilla por 2 minutos para crear la corteza profundamente dorada.

Kimchi De Col Y Pepino

Ingredientes:

- 15ml de hojuelas de chile (secas)
- 500ml de agua mineral o filtrada
- 15ml de paprica ahumada
- 5ml de jengibre (rallado finamente)
- 250ml de repollo blanco (rebanadas finas)
- 250ml de col (picado)

- 250ml de pepinos (en cubos)

- 30ml de sal marina

- 15ml de ajo (picado finamente)

Direcciones:

1. Toma un tazón y mezcla col, sal, pepino y repollo. Usa las manos para exprimir estos vegetales.
2. Esto ayudará a soltar el agua natural de estos vegetales. Agrega los Ingredientes:s restantes y volcarlos en la jarra esterilizada con su tapa.
3. Deja la jarra en la barra de la cocina. Mantenlo alejado de la luz solar por 3 días. Puedes también fermentarlo por 15 días o más.
4. Después de 3 días, pruébalo y si necesitas, ferméntalo por más tiempo. Colócalo en el refrigerador cuando esté listo de sabor.
5. Sírvelo con filete frito o pechuga de pollo algunas verduras hierbas por encima.

Ensalada De Col Con Aguacate Y Tomate

Ingredientes:

- 1 medio aguacate (maduro)
- ½ cucharadita de paprica
- 1 cucharada de miel
- 1 diente de ajo
- 1 limón (fresco, exprimido)
- 2 puñados de col
- 2 tomates (maduros)
- ½ cucharadita de pimienta (molida)

Direcciones:
1. Lava los tomates y la col y pícalos groseramente.
2. Ponlos en un tazón grande

3. Pela el aguacate. Agrégalo al tazón.
4. Agrega jugo de lima. Añade el resto de los Ingredientes:s en el tazón.
5. Mézclalos.
6. Sírvelo.

Ensalada Vegetariana

Ingredientes:

- 2 huevos duros en rodajas
- 1 cucharadita de perejil
- 1/2 cucharadita de cebolla en polvo
- 1/2 cucharadita de ajo en polvo
- 2 cucharadas de mayonesa
- 2 cucharadas de crema agria
- 1 cucharada de mostaza de Dijon
- 1 taza de pepino cortado en cubitos
- 1/2 taza de tomates cortados en cubitos
- 3 tazas de lechuga
- 2 tazas de queso suizo en cubos

Direcciones:

1. Mezclar la mayonesa, la crema agria, la cebolla en polvo, el ajo en polvo, el perejil, tomates cherry y pepino hasta que estén bien mezclados (este será nuestro aderezo).
2. Mezclar la salsa con el huevo en rodajas, los cubitos de queso y la lechuga romana.
3. Agregue una cucharada de mostaza de Dijon.
4. ¡Disfrute de su comida!

Tortilla Suprema

Ingredientes:

- 1 cucharada de aceite de oliva virgen extra
- 1 taza de champiñones en rodajas
- 1/2 taza de pimientos rojos cortados en cubitos
- 1/2 taza de cebollas picadas
- 2 cucharaditas de perejil picado
- 4 huevos
- 1 taza de espinaca fresca (picada)
- 1 cucharadita de ajo en polvo
- Sal kosher y pimienta negra molida al gusto

Direcciones:

1. Rompe los huevos en un bol, usa un batidor para batir las yemas con las claras.
2. Agrega las espinacas, el ajo en polvo, la sal y la pimienta al gusto. Usa el batidor para mezclar todos los Ingredientes:s y reserva.
3. Calentar el aceite de oliva virgen extra en una sartén a fuego medio-alto.
4. Agrega los champiñones, los pimientos rojos y la cebolla y sofríe durante 4 minutos.
5. En este punto, agregue la mezcla obtenida en el paso 2 a la sartén y cocine por otros 4 minutos (2 minutos por lado).
6. Sirva adornado con perejil fresco picado. ¡Disfrute de su comida!

Borche De Verduras

Ingredientes:

- 1 taza de cebollas (en rodajas finas)
- 1 pimiento rojo (rallado)
- 1 ½ tazas de repollo, rallado
- Sal vegetal al gusto
- Pimienta al gusto
- 6 tazas de caldo de verduras
- 1 taza cada uno Zanahorias (ralladas)
- 1 taza de remolachas (picadas en trozos grandes)

Direcciones:

1. En una cacerola grande combine el caldo, las zanahorias, las remolachas y la cebolla. Cocine suavemente hasta que estén tiernos.
2. Agregue el pimiento rojo y el repollo. Agregue sal y pimienta al gusto y cocine por unos 5 minutos más.
3. Para un sabor más rico, enfríe completamente antes de servir y vuelva a calentar y sirva.

Empanadas De Zuchchini Y Tofu

Ingredientes:

- Sustituto de huevo igual a 2 huevos

- ½ cucharadas Mezcla de caldo de verduras

- 3/8 cucharadita Sal

- 1 caja de tofu FRESCO, escurrido

- 1 taza de calabacín, rallado

- 3 cucharadas Cebolla picada

Direcciones:

1. Rebane y cocine al vapor el tofu durante 5-10 minutos. Picar y escurrir bien. Freír las cebollas al vapor.
2. Agregue la mezcla de caldo de verduras y el calabacín. Revuelva bien. Agregue sal, tofu y

sustituto de huevo y combine todos los Ingredientes:s.

3. Hacer empanadas. Coloque en bandejas para hornear rociadas y aplánelas ligeramente.
4. Hornee ligeramente a 350 grados. Cuando los fondos estén apenas dorados, voltee las hamburguesas.
5. Termine de hornear, pero asegúrese de no hornear en exceso .

Fritos Al Vapor De Vegetales Simples

Ingredientes:

- ½ taza de pimientos rojos, en tiras

- ½ taza de brócoli (cortado pequeño)

- ½ taza de rodajas de cebolla 1 taza de vainas de guisantes

- (otras verduras a su gusto, cortadas en juliana) 1 taza de tofu frito (o use tofu marinado de la tienda naturista)

- 1-2 cucharaditas Jengibre fresco rallado (rallado a mano)

- 2-3 dientes de ajo, triturados

- ½ taza de calabaza amarilla

- ½ taza de coliflor, rebanadas

- ¼ de cucharadita Sal

Direcciones:

1. Calienta una sartén eléctrica. Con una pequeña cantidad de agua, fríe al vapor el ajo y el jengibre durante un par de minutos.
2. Vierta las verduras y el tofu. Freír al vapor hasta que las verduras se pongan muy brillantes y comiencen a ablandarse ligeramente.
3. Vierta la mezcla de salsa para freír al vapor por encima y cocine al vapor durante un par de minutos más. Servir mientras está caliente.

Baba Ganoush O Crema De Berenjenas.

Ingredientes:

- 1 cucharada de aceite de oliva.
- El zumo de ½ medio limón, del amarillo.
- Pimienta negra al gusto.
- Sal al gusto.
- 4 berenjenas.
- 1 cucharadita de comino molido.
- 3 dientes de ajo.
- 2 cucharaditas de pasta de ajonjolí.
- Pimienta cayena, si te gusta lo picante.

Direcciones:

1. Pones directamente las berenjenas en el fuego, ya sea en la estufa o en un horno de

leña, de preferencia, o en su defecto, en el horno de la estufa.

2. La idea es quitar la piel y ablandar un tanto más el interior de la berenjena, que tome un olor ahumado, pues ese le dará un delicioso sabor al Baba ganoush.
3. Una vez que estén listas las berenjenas, retiras la piel y las semillas, lo mismo que el exceso de agua.
4. La pulpa la colocas en una licuadora o procesador para después agregar todos los Ingredientes:s.
5. Licuas y listo, sirves un plato y al igual que el humus de garbanzo, puedes acompañar con palitos de zanahoria o apio, o si te late más, con totopos horneados.

Verduras De Coco Picantes

Ingredientes:

- 1 diente de ajo machacado
- 1 chile rojo fresco, picado
- 2 cebolletas, cortadas en rodajas
- 1 cucharada. cilantro fresco, picado
- Pizca de sal
- 2 zanahorias, cortadas diagonalmente
- 4 tallos de apio, cortados en diagonal
- 2 cucharadas. aceite de oliva
- 1 raíz de jengibre fresco, rallado
- 1 lata de leche de coco
- Pizca de pimienta

Direcciones:

1. Calentar un wok y verter aceite de oliva. Saltear el ajo y el jengibre durante 2 minutos o hasta que el ajo tenga un color dorado pálido.
2. Agregue zanahorias, hinojos, chile, cebolletas y apio. Saltear durante 2 minutos.
3. Vierta la leche de coco. Llevar la mezcla a ebullición. Continúe revolviendo hasta que las verduras estén tiernas y la leche de coco se reduzca.
4. Condimentar con sal y pimienta. Mezcle en el cilantro. Servir.

Coco Con Nueces Y Semillas Cuadrados

Ingredientes:

- ½ taza de almendras molidas
- 1/2 taza de semillas de girasol
- 3 cucharadas de miel cruda
- ½ cucharadita de aceite de sésamo
- 1 taza de coco desecado
- ¼ taza de nueces molidas
- 4 cucharadas de mantequilla de almendras
- Pizca de sal de sal

Direcciones:

1. Precaliente el horno a 350 ° F y engrase un molde cuadrado para hornear de 8 x 8 con aceite de sésamo.

2. Juntar semillas de girasol, mantequilla de almendras, coco, miel cruda Almendras, nueces y sal en una licuadora. Procesar hasta que quede suave.
3. Verter en la sartén. Difunde cada noche .
4. Hornee la mezcla en el horno durante 15 minutos. Retire el plato del horno y deje que se enfríe durante 10 minutos. Cortar en cuadrados y refrigerar.

Chia Macadamia Granola

Ingredientes:

- 4 cucharaditas stevia
- ¼ taza de agua
- 4 cdas. aceite de coco, derretido
- 3 cucharadas. agua
- 1 cucharadita extracto puro de vainilla
- 4 cdas. semillas de chia enteras
- 1 taza de nueces de macadamia
- 4 cdas. f comida laxseed
- 2 cucharaditas canela
- ¼ cucharadita. sal marina fina

Direcciones:

1. Ajuste el horno a 350 grados F para precalentar. Alinee una bandeja para hornear con papel de hornear.
2. Mezcle el extracto de vainilla, el agua y las semillas de chía en un tazón grande.
3. Dejar reposar durante 5 minutos, o hasta que la mezcla se vuelva gelatinosa.
4. Vierta las nueces de macadamia en un procesador de alimentos y luego agregue la linaza Harina, proteína en polvo, stevia, sal y canela. Pulso hasta que el La mezcla está bien y las nueces están molidas.
5. Vierta la mezcla de semillas de chia gelatinosa en el procesador de alimentos, luego agregue aproximadamente 1½ cucharadas de agua y aceite de coco. Mezcla hasta que el La mezcla es suave. Dejar de lado.
6. Usando una cucharada, transfiera la mezcla sobre el horneado preparado. hoja. Luego,

transferir al horno y hornear durante 15 minutos.
7. Una vez cocido, retire del horno y rompa en trozos pequeños. Extiéndelo en la sartén.
8. Hornee por 10 minutos adicionales, o hasta que la granola esté seca y marrón dorado. Dejar enfriar completamente.
9. Traslado a un hermético. Almacene y almacene por hasta 1 semana en el refrigerador. Mejor servido con leche tibia.

Hamburger Ceci E Quinoa

Ingredientes:

- ¼ di tazza di quinoa cotta

- 1 cucchiaio di acqua di sorgente

- 1 cucchiaio di olio d'uva

- 1/3 di cucchiaino di sale marino integrale

- 2 cucchiai di cipolla tritata

- 1/2 tazza di ceci

- 1/4 di cucchiaino di pepe di Cayenna

Direcciones:

1. Accendere il forno, poi impostarlo su 190° e lasciarlo preriscaldare.

2. Nel frattempo, mettere la cipolla, i ceci, la quinoa in un robot da cucina e mixare finchè il composto diventa omogeneo.
3. Aggiungere l'acqua, il sale e il pepe di cayenna e pulsare fino a quando l'impasto si assembla.
4. Versare il composto in una ciotola media, coprirlo con il suo coperchio e poi lasciarlo riposare in frigorifero per 15 minuti.
5. Modellare l'impasto in due polpette, metterle su una teglia rivestita di carta da forno e poi cuocere per 20 minuti, girando a metà cottura.
6. Accendere la griglia e continuare la cottura per 2 minuti per lato fino a doratura.
7. Si possono servire le polpette con salsa tahini e insalata.

Frullato Di Lamponi, Pesca E Noci

Ingredientes:

- 2 cucchiai di sciroppo d'agave

- 1/2 cucchiaio di bromuro plus polvere

- 2 tazze di acqua di sorgente

- 1 pesca

- 1 tazza di lamponi

- 1 cucchiaio di noci

Direcciones:

1. Inserire insieme tutti gli ingredienti in un robot da cucina o un frullatore, azionare ad alta velocità e azionare per 40-60 secondi fino ad ottenere un risultato omogeneo.

2. Dividere la bevanda tra due bicchieri e poi servire.

Spaghet Ti Squash Cazuela

Ingredientes:

- 6 onzas. pasta de tomate orgánico
- 18 onzas tomates cortados
- 8 oz. Queso parmesano, recién rallado
- 4 onzas. queso ricotta
- ½ taza de mantequilla
- ½ cucharadita. sal marina
- 1 calabaza espagueti
- ½ libra de champiñones rebanados
- 1 cebolla picada
- 4 onzas. queso mozzarella
- ½ ts p. pimienta negra recién molida

Direcciones:

1. Precaliente el horno a 350 grados F.
2. Perfore la calabaza espaguetis por todas partes con un afilado y colóquela en el microondas y microondas en alta durante unos 20 minutos. dejar enfriar.
3. Derrita la mantequilla en una sartén a fuego mediano . Saltear la carne molida y las salchichas hasta que estén cocidas y desmenuzadas.
4. Agregue el vino tinto y cocine a fuego lento hasta que se reduzca el líquido. Entonces, revuelva en el cebolla y ajo Saltear hasta que estén tiernos.
5. Añadir los champiñones y saltear hasta que estén tiernos. Revuelva en dados a los papas, Pasta de tomate, y condimentos. Saltear hasta que se mezclen.
6. Cortar por la mitad la calabaza espagueti y raspar la carne. Dejar de lado.

7. Extienda la mitad de la calabaza espagueti en una fuente para hornear y luego agregue 2 onzas de mozzarella y ricotta, seguido de 4 onzas de queso parmesano.
8. Coloca un poco de salsa de tomate encima, luego agrega los espaguetis restantes squash. Añadir los quesos restantes, luego cubrir el plato.
9. Hornee por 20 minutos, luego destape y hornee por 20 minutos adicionales.
10. Ajuste el horno a la parrilla y ase la cazuela durante 3 minutos, o hasta que la parte superior esté dorada y crujiente.
11. Colocar en una rejilla de enfriamiento y dejar reposar durante 15 minutos. Cortar en 10 iguales Porciones, luego cubra y refrigere por hasta 5 días. Recalentar antes servicio.

Manteca De Coco

Ingredientes:

- Para mantequilla de coco

- 1 pa ckage copos de coco

Direcciones:

1. Coloque los copos de coco en la licuadora. Procese de 5 a 10 minutos hasta que esté espeso y suave. Raspar los lados hacia abajo a menudo.
2. Transfiera la manteca de coco a un recipiente no reactivo con tapa. Descanse la mantequilla durante 15 minutos antes de usarla.

Papas Al Ajo Al Horno

Ingredientes:

- 1 cucharadita de hojas secas de albahaca
- 2 cucharaditas de aceite de oliva
- 4 papas rojas medianas, cortadas en gajos.
- 1 cucharadita de sal de ajo

Direcciones:

1. Precaliente el horno a 500 grados F. Cubra una cacerola de 15x10 con aceite en aerosol.
2. Combine las patatas con aceite. Es la mezcla para combinar. Añadir la sal de ajo y la albahaca. Colóquelo en la parte inferior de la sartén.
3. Hornear durante 15 minutos, sin tapar hasta que estén tiernos y crujientes. Agitar la mezcla a medio camino a través de la cocina. Servir.

Espinacas Con Garbanzos Y Limón

Ingredientes:

- ½ tomate
- 1 limón (grande, fresco y la ralladura)
- 1 lata de garbanzos
- 1 cucharadita de hojuelas de pimentón rojo (pulverizados)
- 4 dientes de ajo (molido)
- 3 cucharas de aceite de oliva (extra virgen)
- Rebanadas de 1 cebolla
- 2 cucharadas de jengibre (rallado)
- Sal (al gusto)

Direcciones:

1. Toma una sartén grande y agrega aceite de oliva. Añade cebollas. Cocínalas pata dorarlas.
2. Agrega ralladura de limón, hojuelas de pimentón rojo, jengibre, tomates y ajo. Cocínalos por 3 – 4 minutos.
3. Luego de eso, agrega garbanzos. Cocina por 3 – 4 minutos más.
4. Añade espinaca. Cuando se empieza a marchitar, agrega sal y jugo limón. Cocina por 2 minutos más.
5. Sírvelo.

Tomates Rellenos De Calabacín

Ingredientes:

- 2 calabacines amarillos (frescos)
- 1 zucchini (fresco)
- ½ taza de tomates (secos y cortados)
- 1 cucharada de eneldo (molido)
- 1 cucharada de aceite de oliva
- 1 cucharada de orégano (molido)
- 1 cucharada de albahaca (molida)
- 1 tomate (mediano)
- Queso cremoso
- 1 taza de nueces de macadamia
- 1/3 taza de agua

- ¼ taza de piñones

- ½ pimentón rojo

- ¼ taza de jugo de limón

- 2 cucharadita de sal

- 1 cucharada de aceite de oliva

Direcciones:

1. Añade el queso cremoso y los otros Ingredientes:s a la licuadora excepto el pimentón. Licúa a alta velocidad.
2. Después de esto, agrega el pimentón. Licúa otra vez.
3. Rebana el zucchini. Córtalos en forma de media luna, delgado. Colócalo en un tazón. Luego, arroja los vegetales en rebanadas con los tomates secos y especias. Deja que se marinen por 1 hora.
4. Saltéalos rápidamente por 4 minutos o cómelos crudos. También, puedes deshidratarlos a 115°F por 1 hora.
5. Por último, corta los tomates a la mitad. Saca su interior para crear tazas. Pica el interior que sacaste con 2 cucharaditas del zucchini marinado.
6. Agrega una cucharada grande de queso cremoso. Mezcla todo.

7. Ahora, rellena los tomates con esta mezcla. Decora con eneldo, pimienta negra y paprica.

Sopa De Zucchini Y Albahaca

Ingredientes:

- 3 dientes de ajo
- Sal (al gusto)
- 6 tazas de caldo de vegetales
- De ½ a ¾ tazas de agua
- 1 puñado de albahaca (fresca)
- 2 cucharadas de aceite de coco
- 1 cebolla (mediana, cortada)
- 2 cucharadas de aceite de oliva (extra virgen)
- 4 zucchinis (rebanados)
- ½ taza de anacardos (remojados durante la noche)

Direcciones:

1. Remoja los anacardos para hacer crema de anacardo. Escúrrelos y enjuágalos. Ponlos en una licuadora con agua que cubra un poco los anacardos.
2. Haz un puré esta mezcla para que quede suave. Continúa agregando agua para crear una consistencia de crema espesa. Puedes colar esta crema a través de una malla para eliminar las piezas gruesas.
3. Toma un tazón grande y agrega un poco de aceite de coco. Añade aceite de oliva. Una vez listo, incluye ajo y cebolla con algo de sal.
4. Mientras la mezcla se torna dorada (alrededor de 7 – 10 minutos), incluye zucchini. Saltea por 3 – 5 minutos más.
5. Ahora añade los vegetales. A fuego lento. Deja que el zucchini se ablande y que los sabores se mezclen durante unos 15 – 20 minutos.

6. Haz puré esta mezcla en una licuadora y cuela a través de un colador. Ponla de vuelta a en la olla. Agrega la crema de anacardo. Añade albahaca y sazona con sal y pimienta.

Pimientos Rellenos De Huevo

Ingredientes:

- 3 cucharadas de jugo de lima

- 1 cucharada de pimentón ahumado en polvo

- 1 diente de ajo

- 1 cucharadita de semillas de comino molidas

- 1 cucharadita de orégano seco

- Una pizca de sal del Himalaya

- 1/4 taza de cilantro recién picado

- 6 huevos

- 3 pimientos (rojos o amarilloscortados por la mitad)

- 2 aguacates Hass medianos (pelados, sin hueso y cortados por la mitad)

- 1 taza de tomates (pelados y cortados en cubitos)
- 1/4 taza de cebolla morada picada
- 2 jalapeños

Direcciones:

1. Precalienta el horno a 190 ° C y cubre una bandeja para hornear con papel pergamino.
2. Coge un bol, rompe los huevos y batirlos añadiendo sal y pimienta.
3. Después de limpiarlos, corte los jalapeños en trozos.
4. Agregue el aguacate al bol para huevos, junto con 2 cucharadas de jugo de limón, tomate, jalapeños, cebolla morada, sal y las especias restantes (excepto el cilantro).
5. Mezcle todo con un machacador de papas o un tenedor hasta que el contenido esté completamente mezclado.

6. Rellena la mitad del pimiento con la mezcla obtenida en el paso anterior.
7. Transfiera las 6 mitades rellenas de pimiento a la sartén y cocine por 30 minutos.
8. Una vez fuera del horno, decora los pimientos con el resto del jugo de lima y cilantro.
9. ¡Disfrute de su comida!

Pimientos Rellenos De Verduras

Ingredientes:

- Se han limpiado tres pimientos verdes y se han cortado por la mitad
- 3 cucharadas de mostaza de Dijon
- 1/4 cucharadita de sal
- 1/2 cucharadita de pimienta negra
- 1 chalota en rodajas
- 1/2 pepino cortado en cubos y limpio
- 1/2 taza de yogur griego entero
- 2 cucharadas de vinagre de vino
- 1/4 taza de perejil fresco picado
- Apio lavado y cortado en cubitos

- Una taza de tomates cortados en cubitos

Direcciones:
1. En un bol, mezcle el yogur, el vinagre de vino, la mostaza, la sal, la pimienta y el perejil en un bol.
2. Agregue el apio, los tomates, las chalotas, los pepinos y mezcle suavemente.
3. Use una cuchara para rellenar los pimientos partidos por la mitad con esta mezcla.
4. ¡Disfrute de su comida!

Calabacín Italiano

Ingredientes:

- 2 dientes de ajo picados

- 1 cucharadita Sal

- 1/8 cucharadita Pimienta

- 8-10 med. Calabacín

- 2/3 taza de cebolla, picada en trozos grandes

- 1 ½ tazas de tomates

- 3 cucharadas Aceite de oliva

Direcciones:

1. Lavar, cortar los extremos y rebanar los calabacines. Freír al vapor el calabacín, la cebolla y el ajo en rodajas en una cacerola a fuego lento durante 10 minutos.

2. Voltee y mueva la mezcla de vez en cuando. Retira la mezcla de vegetales del fuego y tamiza los tomates con pimienta.
3. Mezcle bien pero ligeramente. Coloque la mezcla en una cacerola.
4. Tape y cocine a fuego lento durante 30 minutos. Agregue aceite de oliva justo antes de servir.

Rollos De Col

Ingredientes:

- 1 taza de cebolla, finamente picada

- 1/8 cucharadita Pimienta negra

- 1 cucharadita Aminos líquidos de Bragg

- ½ cucharadita Sal Real o Sal Vegetalizada 3 tazas de Caldo de Vegetales

- 1 cabeza mediana de repollo

- 1 diente de ajo

- 1 hoja de laurel

- 1 paquete Tofu FRESCO escurrido (romper en pedazos finos)

- ½ taza de Mezcla de Caldo de Vegetales

Direcciones:

1. Engrase una cacerola poco profunda con una tapa que cierre bien.
2. Retire las hojas exteriores marchitas del repollo. Enjuague y corte por la mitad a través del centro.
3. Retire ocho hojas grandes. Triture el repollo restante, lo suficiente para producir 2 tazas, y colóquelo en una cacerola.
4. Agregue el diente de ajo y la hoja de laurel. Ponga la cacerola a un lado.
5. En una cacerola grande, vierta agua hirviendo hasta un nivel de 1 pulgada. Añadir las ocho hojas de col y la sal. Tape y cocine a fuego lento durante 2-3 minutos.
6. Freír al vapor el tofu picado, la cebolla, el pimiento y los aminoácidos líquidos .
7. Coloque un cuarto de taza de esta mezcla en el centro de cada una de las ocho hojas de repollo. Enrolle cada hoja, metiendo los extremos hacia adentro.

8. Use palillos de madera para asegurar y colocar sobre el repollo rallado en una cacerola.
9. Revuelva la mezcla de caldo de verduras en el caldo de verduras frío. Vierta esta mezcla sobre los rollos de col junto con unos granos de pimienta.
10. Tape y cocine a fuego lento durante 30 minutos. Retire la hoja de laurel y los palillos de madera y sirva.

Estofado De Cebolla Con Tofu

Ingredientes:

- 3 tazas de agua
- 3 cebollas grandes. En cuartos
- 3 hojas de col rizada, cortadas del tamaño de un bocado
- 1 paquete Tofu FRESCO, firmeza a elección
- 2 medicos Cebolla, en rodajas
- 1 1/2 tazas de judías verdes frescas
- 1 hoja de laurel

Direcciones:

1. Freír al vapor las cebollas rebanadas en una sartén de 3 cuartos con tapa. Agregue agua, col rizada, laurel.

2. Tape y cocine a fuego lento hasta que la col rizada comience a ablandarse. Retire la hoja de laurel.
3. Agregue las cebollas en cuartos y las judías verdes. Continúe cocinando a fuego lento hasta que los frijoles estén tiernos.
4. Escurra y rebane el tofu y caliéntelo en una sartén o cocínelo al vapor por separado en una vaporera.
5. Sazone si lo desea. Coloque el tofu encima del estofado y sirva.

Chips De Coco Deshidratado.

Ingredientes:

- Coco en tiras.

- El zumo de ½ limón.

- Chile seco, al gusto.

Direcciones:

1. Con un pelador de papas, sí, de papas, cortas en tiras delgadas el coco, las colocas en recipiente y las metes al horno a 180° centígrados por alrededor de 5 u 8 minutos, dependiendo de qué tan grueso quedó la ralladura de coco.
2. Si no te gusta el picante o lo ácido del limón, las puedes dejar así, o si lo prefieres, agrega el chile y el limón.
3. Otra opción de chips es con kale, cuyo proceso es el mismo. Incluso al kale puedes

añadir un poco de aceite de oliva y hierbas aromáticas, además del chile en polvo y el limón.

Berenjenas Al Curry Con Champiñones

Ingredientes:

- 1 chile rojo fresco, finamente picado
- ½ cucharadita de semillas de mostaza
- ½ cucharadita. Chile en polvo
- 1 cucharadita sal
- 1 cucharadita de comino molido
- 1 cucharadita cilantro molido
- ¼ cucharadita de cúrcuma molida
- Cilantro fresco, para decorar.
- 2 berenjenas
- 1 taza de botones de setas
- 2 dientes de ajo machacados

- 1 manojo de primavera o niones, finamente picado

- 1 lata de tomates, picados

- 2 cucharadas. aceite de oliva

Direcciones:
1. Precaliente el horno a 400 grados F.
2. Cepille las berenjenas con aceite de oliva. Pinchar con un tenedor y colocar en una fuente de asar.
3. Hornear las berenjenas durante 30 minutos.
4. Mientras tanto, calentar el aceite en una sartén. Freír las semillas de mostaza. Añadir el ajo, la cebolla, los champiñones y los chiles. Cocinar durante 5 minutos.
5. Sazone con sal, comino, cilantro y cúrcuma. Añadir los tomates. Continúe revolviendo y cocine por otros 5 minutos.
6. Cortar las berenjenas al horno por la mitad y recoger la carne. Lavar la carne.

7. Putmashed carne junto con cilantro fresco en una sartén. Cocinar durante 3 minutos s. Servir.

Aros De Cebolla

Ingredientes:

- 1 taza de harina para todo uso
- 1 taza de pan de elección
- Pizca de sal
- Pizca de pimenton
- 2 tazas de cebolla dulce, cortada en anillos gruesos
- 1 taza de leche de elección
- Aceite de oliva

Direcciones:

1. Vierta el aceite en una sartén antiadherente para calentar a fuego mediano. Mientras tanto, coloque la harina, la leche y el pan en 3 tazones diferentes.

2. Dragar primero un anillo de cebolla en harina y luego en leche; Repetir, y luego cubrir generosamente con pan rallado.
3. Repita los pasos hasta que todos los aros de cebolla estén empanizados. Freírlos en aceite hasta que estén crujientes y dorados. Escurrir sobre toallas de papel.
4. Sazonar con sal y pimentón. Servir.

Magdalenas Veganas

Ingredientes:

- 1½ tazas de leche de almendras

- ½ taza de aceite de coco, calentado hasta que esté líquido

- 1/2 t de polvo de hornear

- 2 tazas de harina para todo uso

- 1¼ cucharadita de extracto de vainilla

- ½ cucharadita de sal

- 2 cucharaditas de bicarbonato de sodio

- 1 taza de azucar blanca

Direcciones:

1. Precaliente el horno a 350 grados. Unte aceite o mantequilla en 12 moldes para muffins.

2. También puede cubrirlo con forros de papel si lo desea.
3. Agrega suficiente leche de almendras para que sea 1½ tazas. Déjelo a un lado por 5 minutos hasta que se taje.
4. Batir la harina, el polvo de hornear, la sal, el azúcar y el bicarbonato de sodio. Verter la mezcla a la mezcla seca y batir para combinar.
5. Coloque la masa en los moldes para muffins. Hornear durante 15-20 minutos hasta que esté hecho.
6. Retire del horno y deje que se enfríe en una rejilla. Arregla en una bandeja y decórala como desees.

Bowl Di Riso Selvatico E Lenticchie

Ingredientes:

Per il riso

- ½ cucchiaino di sale marino integrale
- 2 foglie di alloro
- 2 tazze di riso selvatico crudo
- 4 tazze di acqua di sorgente

Per le lenticchie

- 1 cucchiaio di aglio tritato
- Prezzemolo per guarnire
- 3 cucchiai di olio di cocco
- 1 cucchiaino di sale marino
- ½ cucchiaino di pepe nero macinato

- 2 tazze di lenticchie nere

- 1 ¾ di tazza di latte di cocco, non zuccherato

- 2 tazze di brodo vegetale

- 1 cucchiaino di timo secco

- 1 cucchiaino di paprika secca

- ½ cipolla media sbucciata

Direcciones:

1. Preparare il riso: prendere una pentola media, metterla a fuoco medio-alto, versare l'acqua, aggiungere l'alloro e il sale.
2. Portare l'acqua a ebollizione, poi cambiare il calore a medio, aggiungere il riso e cuocere per 30-45 minuti o più fino a quando è tenero.
3. Al termine, eliminare le foglie di alloro dal riso, scolare se rimane dell'acqua nella pentola, toglierlo dal fuoco e spappolarlo con

una forchetta. Mettere da parte fino al momento del bisogno.

4. Mentre il riso bolle, preparare le lenticchie: prendete una pentola grande, mettetela su un fuoco medio-alto e quando è calda, aggiungete la cipolla e cuocere per 5 minuti o fino a quando sbiondisce.

5. Aggiungere l'aglio, cuocere per 2 minuti fino a quando è fragrante e dorato, quindi aggiungere gli ingredienti rimanenti per le lenticchie e mescolare fino a quando non si mescolano.

6. Portate le lenticchie a ebollizione, abbassare la fiamma e fare sobbollire le lenticchie per 20 minuti fino a quando sono tenere, tenendo la pentola coperta.

7. Al termine, togliete la pentola dal fuoco e mettete da parte.

8. Assemblare la ciotola: dividere uniformemente il riso in quattro ciotole e poi

aggiungere le lenticchie, aggiungendo il prezzemolo.
9. Servire immediatamente.

Tisana Antimuco Polmoni

Ingredientes:

- 1 cucchiaino di verbasco

- 1 tazza di acqua di sorgente

- 1 cucchiaino di erba Guaco

Direcciones:

1. Far bollire l'erba di guaco e il verbasco in un bollitore da tè per 10 minuti.
2. Togliere a raffreddare entro 10 minuti e servire.

www.ingramcontent.com/pod-product-compliance
Lightning Source LLC
LaVergne TN
LVHW010223070526
838199LV00062B/4708